About the Author

Robert Louis Stevenson was born in Edinburgh, Scotland, in 1850. The son of an engineer, Stevenson followed in his father's footsteps by studying engineering and law at the University of Edinburgh. However, his passion for writing soon became more than a hobby, and he decided to pursue it on a full-time basis. This career choice initially upset his father, but Stevenson made a promise to complete his studies, and was admitted to the Scottish bar in 1875.

Stevenson's most famous work is the classic pirate tale *Treasure Island*, which was published in 1883. A fast-paced story of adventure with mass appeal, it soon became popular across the world. In the 125 years since then, readers of all ages have delighted in following the exploits of young Jim Hawkins as he travels to a remote island in search of buried gold. Stevenson later created an infamous, but very intriguing, character in *The Strange Case of Dr Jekyll and Mr Hyde*, published in 1886. His adventure story *Kidnapped*, a tale of a young boy and a stolen inheritance, was also published in the same year.

Throughout his life, Stevenson was frequently in poor health, and he often travelled abroad in search of places with mild climates. He also wrote a number of essays detailing these trips. During one such journey to France, he met an American woman named Frances Osbourne, and later married her during a visit to California.

In 1887, Stevenson headed for America with his wife, stepson, and mother. He had become famous in New York, and received many attractive offers from various publishers. It was soon after this move that he took up his pen for *The Master of Ballantrae*, a novel which is considered one of his best works.

Stevenson eventually settled with his family on the island of Samoa, where he died at the age of 44 on 3rd December 1894. While best known for writing tales of action and adventure, Robert Louis Stevenson is also remembered as an accomplished poet and essayist.

"Indeed? And what is that?"

Gabriel John Utterson, Lawyer. Serious, cold, scanty and embarrassed in conversation – unsentimental, lean, long, dusty, dull, and yet somehow lovable.

Richard Enfield, a city man. Utterson's cousin and friend.

'Well, Utterson, I was coming home from some place about three o'clock of a black winter morning.'

'Street after street, and all the folks asleep – street after street, all lighted up as if for a procession and all as empty as a church...'

'...till I got into that state of mind when a man listens and listens, and begins to long for the sight of a policeman.'

'All at once, I saw two figures – a little girl running from one side of the building and an old man coming from another.'

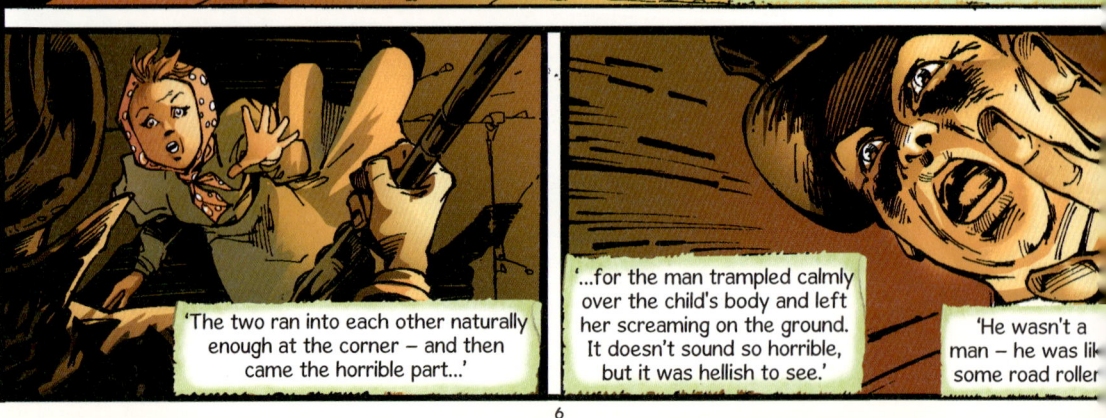

'The two ran into each other naturally enough at the corner – and then came the horrible part...'

'...for the man trampled calmly over the child's body and left her screaming on the ground. It doesn't sound so horrible, but it was hellish to see.'

'He wasn't a man – he was like some road roller'

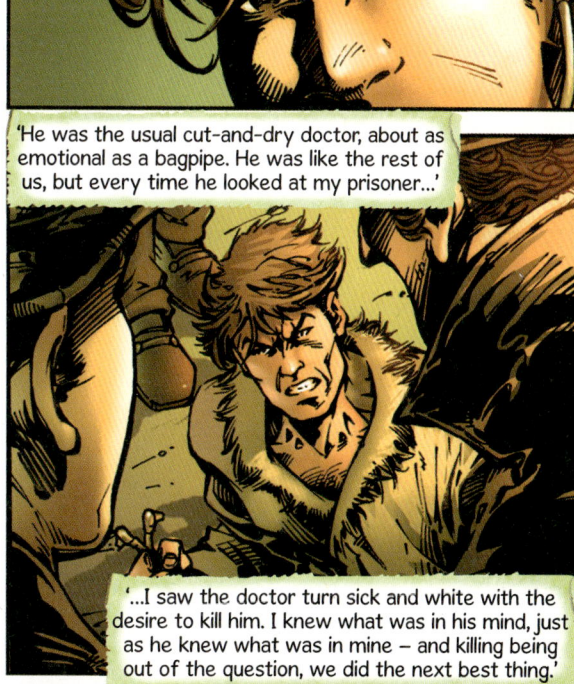

The man is pale and dwarfish and gives an impression of deformity without any particular malformation.

SLAM!

He has a displeasing smile, and he showed a sort of murderous mixture of timidity and boldness. And he spoke with a husky, whispering, and, somewhat broken voice.

After Hyde had slammed the door on his face, Utterson started walking towards the other side of the building.

All these are points against him, but even all of these together could not explain the loathing and fear he inspires in me.

There must be something else. There is something more, if I could find a name for it. God bless me, the man seems hardly human!

O my poor old Henry Jekyll...

...if I ever saw a really evil man, it is your new friend!

Lost in his thoughts, Utterson reached the front door of the building and knocked.

"Thank you, sir."

"It's a very interesting autograph."

"Why did you compare them, Guest?"

"Well, sir, there's a rather strange resemblance. The two hands are in many points identical — only differently sloped."

"It is rather unusual."

"It is, as you say, rather unusual."

"I wouldn't speak of this note, you know."

"Even I wouldn't. I understand."

Why would Henry Jekyll forge for a murderer!

"Hello, Hastie."

'What he told me in the next hour, I cannot set on paper. I feel that my days are numbered, and that I must die. I will say one thing, Utterson...'

'...That creature who crept into my house that night was, on Jekyll's own confession, known by the name of Hyde and hunted for in every corner of the land as the murderer of Danvers Carew.'

Oh god! Let me read Jekyll's letter now.

I was born to a large fortune. I was fond of the respect of wise and good men, and thus, had every guarantee of an honourable and distinguished future.

"The worst of my faults was that I was merry — but I pretended to be grave in front of the general public."

"I hid my pleasures, and when I became older, I was already committed to a duplicate life."

"If each could be housed separately, life would be rid of all that is unbearable. The unjust could go his way..."

"...and the just could walk on his upward path, doing the good things, and no longer be exposed to disgrace by the hands of evil."

"I decided to put my theory to test but I hesitated for a long while. I knew well that I risked death, for any drug that could alter identity so much..."

"...could, by an overdose or by mistake, utterly blot out the original."

"But the temptation of such a strange and profound discovery, at last, overcame the alarm. And I threw myself into making a concoction that would help me achieve my goal."

"I bought, from a firm of wholesale chemists, a large quantity of a particular salt which I knew, from my experiments, was the last ingredient required."

"Then late one night, I mixed the elements, and watched them boil and smoke together in the glass. When the bubbles had subsided, with great courage, I drank the potion."

HHK – KHAAA—

AAAAAAAAAAAAA!!!!

"The most agonising pangs followed — a grinding in the bones, deadly nausea, and great horror."

"Then these agonies began to subside quickly, and I came to myself as if out of a great sickness."

Hssssssss...

"I felt younger, lighter, and happier in body. Within, I felt a thrilling recklessness..."

"...and freedom of the soul. I knew instantly that I was more wicked — ten times more wicked."

"I took and furnished that house in Soho, and engaged a housekeeper who I knew was silent and unscrupulous."

"I announced to my servants that Mr Hyde was to have full liberty and power around my house in the square. And to avoid mishaps, I even called and made myself recognised, in my second character."

"I next made that will, to which you objected so much, so that if anything happened to me as Dr Jekyll, I could live as Edward Hyde without financial loss."

"The pleasures which I looked for in my disguise were improper."

"But in the hands of Edward Hyde, they turned monstrous."

"When I returned from these excursions, I often wondered at my wickedness."

"At times, Henry Jekyll stood aghast before the acts of Edward Hyde."

"But the situation was different from ordinary laws, and did not disturb his conscience. Hyde alone was guilty."

"And thus Jekyll's conscience slept."

"Some two months before the murder of Sir Danvers, I had been out for one of my adventures, and returned at a late hour."

"After changing to Henry Jekyll, I went to bed."

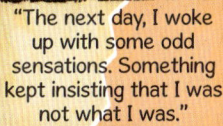

"The next day, I woke up with some odd sensations. Something kept insisting that I was not what I was."

"My eyes fell upon my hand. The hand which I now saw, clearly enough..."

"...was the hand of Edward Hyde."

"Yes, I had gone to bed as Henry Jekyll, and woken up as Edward Hyde."

How can I explain this? How can this be corrected?

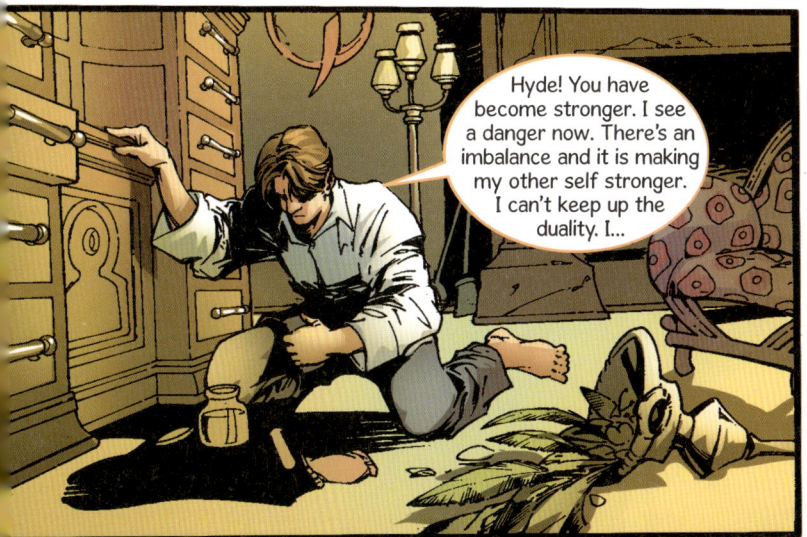

Hyde! You have become stronger. I see a danger now. There's an imbalance and it is making my other self stronger. I can't keep up the duality. I...

...I will have to choose. Will I be Jekyll, or will I be Hyde?

But how to choose? Jekyll, with a greedy gusto, shares the pleasures and adventures of Hyde.

"To choose to be Jekyll was to die to those pleasures I had secretly enjoyed and begun to pamper."

"To be Hyde was to die to a thousand interests and ambitions, and to become, forever, despised and friendless."

"And it happened with me — as it happens with most of my fellow men — that I chose the better part, but did not have the strength to stick to it."

"Yes, I chose to be the discontented doctor, surrounded by friends and cherishing honest hopes. And I bade a firm farewell to the secret pleasures I had enjoyed as Hyde."

"But I neither gave up the house in Soho, nor destroyed the clothes of Edward Hyde, which still remained in my cabinet."

"For two months, I was true to my determination. I led a strict life as I had never done before, and enjoyed a clear conscience."

"But with time, the alarm subsided, and slowly, I began to miss being Hyde. And at last..."

"...in an hour of moral weakness, I once again prepared and swallowed the transforming medicine."

"I was conscious, even when I took the draught, of a more uncontrolled, a more furious love for wickedness."

"The devil in me had been long caged..."

"...and he came out roaring."

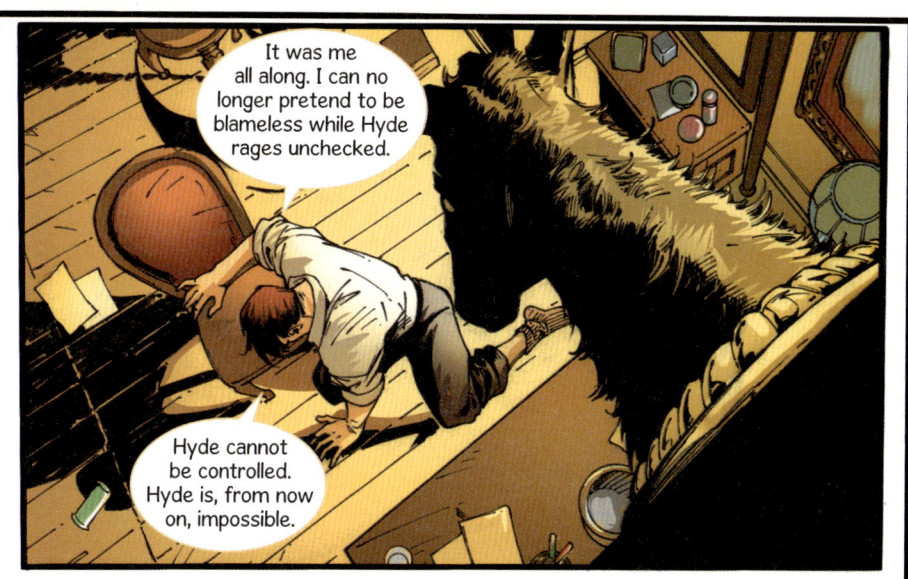

"I think I was glad to have my better feelings guarded by the fear of being hanged. Jekyll was now my refuge."

"I knew that if Hyde peeped out even for an instant, the hands of all men would be raised to take and slay him."

"I decided to make up for the past in my future actions. And I can say with honesty, that my determination was fruitful."

"But I was still cursed with my duality."

"As my repentance wore off, the evil side of me began to growl for freedom."

"It took a double dose to bring me back to myself! From that day, only by great effort, and only under the influence of the drug, was I able to become Jekyll."

"At all hours of the day and night, I would shudder; and above all, if I slept, or even dozed for a moment in my chair..."

"...it was always as Hyde that I woke up."

"My provision of the salt, which had never been renewed since the first experiment, began to run low."

"I sent out for a fresh supply, and mixed the draught – the bubbles followed, and the first change of colour..."

"...but not the second. I drank it and it was ineffective."

"You will learn from Poole how I had London ransacked. But in vain. And I now think that my first supply was impure. It must have been that unknown impurity that made the draught effective."

"I became a creature eaten up and emptied by fever, weak both in body and mind, and solely occupied by one thought — the horror of my other self."

"Hyde's powers seemed to have grown with Jekyll's sickliness. And certainly, Jekyll and Hyde equally hated each other."

"Jekyll could not escape the horror that was within him, a horror he could feel always struggling to come out and seize control."

"The hatred of Hyde for Jekyll was different. His terror of the prison drove him to become the weak Jekyll, to avoid capture by the police."

"About a week has passed. I am now finishing this statement under the influence of the last of the old powders. This is the last time that Henry Jekyll can think his own thoughts..."

"...or see his own face in the glass. Nor must I delay bringing my writing to an end because my narrative has survived only due to good luck."

"If I change back into Hyde again as I am writing it, he will tear it in pieces."

"Half an hour from now, when I will again and forever become that hated person, I know how I will sit shuddering and weeping in my chair..."

"...or continue to pace up and down this room fearfully and listen to every sound. Will Hyde be hanged?"

"Or will he find courage to release himself at the last moment? This is my true hour of death, and what will follow concerns someone else, not me."

"Henry, dear God, Henry, you...

...and Hyde..."

"Here then, as I put down the pen and go on to seal up my confession, I bring the life of that unhappy Henry Jekyll..."

'Goodbye, Dr Jekyll, you old fool!'

"...to an end."

MAD SCIENTISTS

What comes to your mind when you hear the word scientist – someone dedicated to creating something new out of nothing or inventing new ideas or discovering some deep-rooted facts! But have you ever thought that while doing all these they can go to an extent where they can simply be termed as 'mad'! Read on to know about the mad scientists...

Giovanni Aldini

A 19th-century Italian physicist, Aldini worked with galvanism – electricity. He became famous, or rather infamous, for his horror shows! He went across Europe electrifying human and animal bodies in public. But it was his show at the Royal College of Surgeons in London in 1803 that earned him the title of 'mad scientist.' Aldini electrified the body of a hanged convict, George Forster, in this show. He attached conducting rods to the dead body whereby the body began to punch and kick his legs in the air. Rods on the face made it twitch. The left eye even flew open! People were frightened out of their wits. One person was so horrified that he reportedly died after the spectacle!

A 20th-century Russian biologist in the Stalinist era, Ivanov did really strange experiments on animals. He created hybrids like zedonks (zebra and donkey), an antelope-cow, a mouse-guinea pig, and a guinea pig-rabbit! But then, Ivanov deviated from this rather interesting track with his human-ape cross experiments! He attempted to create creatures which would be half-man and half-ape. Apparently, Stalin wanted to create an army of man-apes that would be unbeatable and insensitive to pain, and Ivanov was to help create one! Though he experimented with the idea, he did not really succeed as the whole idea was not taken kindly to!

Ilya Ivanovich Ivanov

Harry Harlow

A 20th-century psychologist, Harry Harlow contributed to the budding animal rights movement because of his cruelty to helpless animals. Harlow's most infamous experiments were conducted with rhesus monkeys. Wanting to study the mother-infant bonding, he separated infants from their mothers and offered them a choice of surrogate mothers – a wire mesh figure or a terrycloth covered figure, one provided milk and one did not. The names he gave to his various apparatuses, such as 'iron maiden' and 'pit of despair', gives an idea of how traumatised the poor baby monkeys were!

A 19th-century geologist and palaeontologist, Buckland earned a place in the list of 'mad scientists' because he literally ate his way through the animal kingdom. He apparently ate all kinds of animals and insects, finding only moles and bluebottle flies inedible! If this was not enough, while on a visit to a museum, the preserved heart of a French king caught his attention. He decided he wanted to taste it, and, before anyone could stop him, he had gobbled it up! That particular heart is said to have been that of Louis XIV. Buckland is believed to have gone 'officially' mad, and later ended up in an asylum!

Rev. William Buckland

Henry Cavendish

An 18th-century scientist, Cavendish isolated hydrogen to discover the famed H_2O formula and the density of the Earth. He was an introvert and a shy man – to the point of mania! He refused to have any direct contact with another human being. Even his housekeeper had to communicate with him through letters. But this level of isolation had drawbacks: other scientists were credited with laws and discoveries 150 years after he had found them! And since all his experiments were conducted alone, he himself had to be the test subject and had to conduct experiments, including self-electrocution!

A 20th-century Soviet scientist and organ transplant pioneer, Demikhov did several transplantations in the 1930s and 1950s. The transplantation of a heart into an animal and a lung-heart replacement were among them. But he became infamous for his strange experiments on dogs! He tried to create a two-headed dog in a most bizarre manner. This unfortunate beast had been created by attaching the head and upper body of a small puppy on the head and body of a fully-grown dog, to form one grotesque creature with two heads!

Vladimir Demikhov

Hyejiwon English-Korean Graphic Novels Series

혜지원 영한 대역 그래픽 노블 시리즈는
여러분께 영어 학습 효과는 물론 재미와 감동까지 선사합니다.

그래픽 노블 시리즈
지킬 박사와 하이드 정가 : 12,000원

그래픽 노블 시리즈
베니스의 상인 정가 : 12,000원

그래픽 노블 시리즈
타임머신 정가 : 12,000원

그래픽 노블 시리즈
오즈의 마법사 정가 : 12,000원

혜지원 Graphic Novel Series

그래픽 노블 시리즈
황야의 부름   정가 : 12,000원

그래픽 노블 시리즈
해저 2만리   정가 : 12,000원

그래픽 노블 시리즈
왕자와 거지   정가 : 12,000원

그래픽 노블 시리즈
크리스마스 캐럴   정가 : 12,000원

영문판+한글판
1+1

혜지원 영한 대역 그래픽 노블 시리즈
No.9

지킬 박사와 하이드

로버트 루이스 스티븐슨 원저　　　　　　　　씨이엘 웰시 각색

This book belongs to:

....

지킬 박사와 하이드

로버트 루이스 스티븐슨 원저

초판 인쇄일 | 2012년 4월 20일
초판 발행일 | 2012년 4월 27일
지은이 | Robert Louis Stevenson
번역자 | 한미전
발행인 | 박정모
발행처 | 도서출판 혜지원
주소 | 서울시 동대문구 장안1동 420-3호
전화 | 02)2212-1227
팩스 | 02)2247-1227
홈페이지 | http://www.hyejiwon.co.kr

편집진행 | 김형진, 이희경
전산편집 | 이희경
표지디자인 | 안홍준
영업마케팅 | 김남권, 황대일, 서지영
ISBN | 978-89-8379-719-3
　　　　 978-89-8379-710-0 (세트)
정가 | 12,000원

Copyright © 2010 Kalyani Navyug Media Pvt Ltd
Published by Campfire, an imprint of Kalyani Navyug Media Pvt Ltd.
Korean Translation Copyright © 2012 by Hyejiwon Publishing
All rights reserved.
Including the rights of reproduction in whole or in part in any form.

이 책은 한국판 저작권을 Campfire와 혜지원이 독점 계약하여 펴내는 책으로
저작권법에 의해 보호를 받는 저작물이므로 어떠한 형태의 무단 전재나 복제를 금합니다.

● 잘못 만들어진 책은 구입한 서점에서 교환해 드립니다.

작가에 대하여

로버트 루이스 스티븐슨은 1850년 스코틀랜드의 에딘버러에서 태어났습니다. 처음에는 기술자였던 아버지의 뒤를 이으려고 에딘버러 대학에서 공학과 법학을 공부했습니다. 하지만 글쓰기에 대한 열정이 남달랐던 그는 작가가 되기로 결심했습니다. 이러한 그의 직업 선택에 아버지는 몹시 화를 냈습니다. 그래서 스티븐슨은 공부를 마치겠다고 약속했고, 1875년에 결국 〈스코틀랜드 법조협회〉에 들어갔습니다.

그의 가장 유명한 작품은 1883년에 출판된 해적 이야기의 고전 『보물섬』입니다. 숨 가쁘게 진행되는 모험 이야기는 대중들의 관심을 끌었고 곧 세계적으로 인기를 얻었죠. 그로부터 125년이 지났지만 아직도 독자들은 나이에 상관없이 묻혀 있는 금을 찾아 외딴 섬으로 여행했던 어린 짐 호킨스의 모험에 환호합니다. 이후 스티븐슨은 1886년 출판된 『지킬 박사와 하이드』에서 악명 높지만 강한 호기심을 불러일으키는 캐릭터를 만들어냈습니다. 같은 해 출판된 모험 소설 『유괴』는 어린 소년과 도난당한 유산에 관한 이야기입니다.

건강이 그리 좋지 않았던 스티븐슨은 날씨가 좋은 곳을 찾아 해외로 여행을 자주 다녔습니다. 그는 이 여행들에 관해서도 자세한 기록을 남겼죠. 어느 해 프랑스로 여행을 떠났던 그는 프랜시스 오스번이라는 미국 여인을 만났고, 나중에 캘리포니아를 방문하여 그녀와 결혼했습니다.

1887년 스티븐슨은 아내와 의붓아들, 그리고 어머니와 함께 미국으로 건너갔습니다. 그는 곧 뉴욕에서 유명해졌고, 여러 출판사들로부터 매력적인 제의를 받았습니다. 그의 작품들 중 가장 뛰어나다는 『발란트래 경』을 쓰기 시작한 것도 바로 이 직후입니다.

말년에 스티븐슨은 가족과 함께 사모아 섬에 정착했고, 1894년 12월 3일 이곳에서 44세의 나이로 세상을 떠났습니다. 로버트 루이스 스티븐슨은 우리에게 모험 소설가로 잘 알려져 있지만 훌륭한 시인이자 수필가로도 기억되고 있습니다.

지킬 박사

하이드

어터슨

풀

엔필드

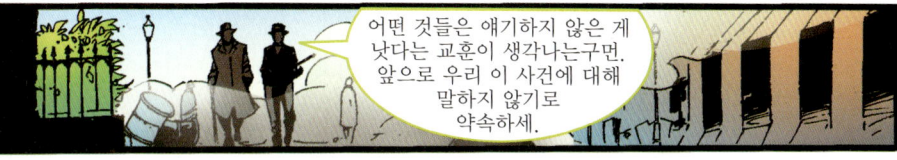

"많은 사람은 내가 양심의 가책을 느끼는 부조리한 모습들을 자랑스러워 하기까지 했지. 그래서 나는 자책감을 숨겼다네."

"도전적인 야망들이 나를 그렇게 만든 거지. 그 야망들이 인간의 이중적 천성인 선과 악 두 부분으로 나를 갈라놓은 것 같아."

"나는 위선자는 아니라네. 나의 두 얼굴은 다 진실했으니까. 자제력을 잃고 수치스런 일에 빠져있을 때도 나였고, 지식을 쌓거나 슬픔과 고통을 덜어내리고 열심히 일할 때도 나였으니까."

"우연히 내가 진행하던 연구들이 내 안의 두 존재가 벌이는 지속적인 전쟁에 강한 빛을 던지고 말았네."

"하루하루 내 안의 도덕과 지성 두 모습을 보면서, 인간이 하나의 존재가 아니라 두 개의 존재라는 사실을 깨닫게 되었네."

"만약 각각의 모습이 분리될 수만 있다면, 인생은 견디기 힘든 모든 것에서 벗어날 수 있을 것만 같았어…"

"…그리고 착한 모습이 좋은 일을 하면서 위쪽을 향해 걸어가면, 악마의 손에 더럽혀진 것들이 가려질 수 있다고 믿었네."

"내 이론을 시험해보기로 결심하고도 오랫동안 망설였다네. 정체성을 너무 바꿔버릴 수 있는 약물을 사용하다가 죽을 수도 있다는 사실을 알았기 때문이지…"

"…약물을 과다 복용하거나 실수를 하면 원래의 내 모습이 완전히 지워질 수도 있거든."

"하지만 미묘하고 심오한 발견에 대한 유혹이 결국 그런 경고를 넘어서고 말았네. 그래서 목적을 이뤄줄지도 모르는 혼합물 제조에 몰입하게 되었지."

"나는 약품 도매상에서 상당한 양의 특수 소금을 구입했네. 이전의 실험에 의해 그것이 가장 마지막에 필요한 재료라는 것을 알고 있었어."

"어느 늦은 밤, 재료들을 유리컵 안에 넣고 섞었더니 끓어오르면서 연기가 피어오르더군. 거품들이 가라앉자, 나는 크게 용기를 내서 그 약을 마셨다네."

헉 - 크억 -- 아아아아아아!!!

"엄청난 고통이 몰려왔네. 뼈가 갈리는 것 같았고 죽을 것처럼 구역질이 나서 얼마나 무서웠는지 몰라."

"그런데 그런 고통들이 빠르게 사라지기 시작하는 거야. 나는 마치 중병을 앓다가 회복한 사람처럼 예전의 모습으로 돌아와 있었네."

ㅎㅎㅎㅎㅎㅎ...

"몸이 젊어지고 가벼워지고 행복해졌다고 느껴졌어. 내부에서 흥분되는 무모함과..."

"...영적인 자유로움이 느껴졌다네. 그리고 내가 훨씬 사악해졌다는 것을, 열 배는 더 사악해 졌다는 것을 곧바로 알게 됐어."

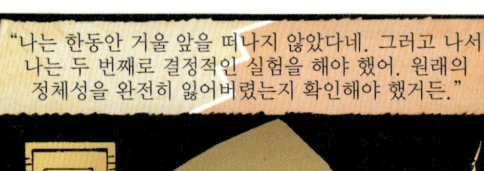

"나는 소호에 있는 그 집을 구입해서 가구를 들여놓았네. 그리고 내가 알고 있던 입이 무거우면서 뻔뻔스러운 가정부를 고용했지."

"나는 하인들에게 하이드 씨가 내 집 어디에서도 자유롭게 다닐 수 있게 하라고 일렀네. 그리고 사고를 피하려고 내 두 번째 모습으로 나타나 하인들에게 인지시키기까지 했다네."

"다음으로 지킬 박사인 나에게 무슨 일이 생기면 경제적 손실없이 에드워드 하이드로 살 수 있게 하려고 자네가 그렇게 반대했던 그 유언장을 만들게 된 거라네."

"다른 사람이 되어 추구했던 쾌락들은 부도덕했네."

"에드워드 하이드의 손에서 쾌락들은 극악무도하게 변했다네."

"이런 의도를 마치고 돌아와서, 종종 내 사악함에 놀라곤 했다네."

"가끔 헨리 지킬은 에드워드 하이드가 저지른 행동을 보고 당황스럽기도 했어."

"하지만 상황은 보통의 법칙들과는 달라서 그는 양심의 가책을 받지 않았다네. 하이드 혼자만 죄를 지었으니까."

"지킬의 양심은 잠을 잔 거지."

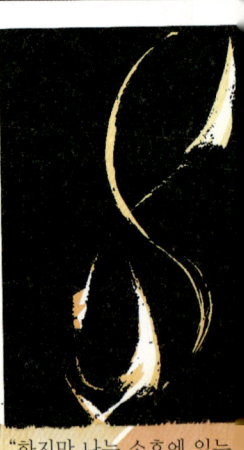

"모든 것에는 끝이 있는 법. 잠깐 동안 악마에게 무릎을 꿇었던 영혼의 균형이 마침내 무너지고 말았다네."

"맑게 갠 1월의 어느 날이었어. 서리가 녹아 땅은 젖어 있었지만 하늘은 구름 한 점 없었다네. 레젠트 파크는 겨울 소리와 봄의 향기가 가득했지."

"나는 햇살이 내리쬐는 벤치에 앉아 기분 좋게 지난 일을 돌아보고 있었네. 마음이 조금 가라앉는 느낌이 들더군. 곧 괜찮아지겠지 했는데 그럴 기미가 없는 거야."

결국 나도 이웃들과 같은 사람이야! 어떤 면에서는 더 낫지 않을까?

우우우우...

"그 생각을 한 바로 그 순간, 갑자기 마음이 불안해지더니 구역질이 심하게 나고 온몸이 무섭게 떨렸네."

"이런 증상들은 없어졌는데 어지럽기는 하더군. 잠시 후에 현기증이 가라앉자 내 사고가 변했다는 게 인지되기 시작했네. 훨씬 더 대담해졌고 위험 따위는 안중에도 없게 됐다네."

"본래의 모습으로 돌아오려면 복용량을 두 배로 늘려야 했네! 그날 이후로 나는 엄청난 노력과 약에 의존해야만 지킬로 돌아올 수 있게 되었네."

"하루 종일 몸을 떨다가 간신히 잠이 들거나, 의자에서 잠깐 졸다가 일어나면…"

"…나는 언제나 하이드가 되어 있었네."

"첫 실험 이후로 다시 소금을 산 적이 없다보니 소금이 떨어져 갔네."

"소금을 새로 사서 약에 섞었네. 거품이 일면서 첫 번째 변색은 일어났는데…"

"…두 번째 변색이 없는 거야. 그래도 그냥 마셨는데 효과가 나타나지 않더군."

"자네는 내가 런던을 어떻게 뒤졌는지 풀한테 듣게 될 걸세. 하지만 허사였네. 생각해 보니 처음 샀던 소금에 불순물이 끼어 있었던 것 같아. 그 불순물이 약효가 있게 만든 게 틀림없어."

"나는 열병에 걸려 육체와 정신이 허약해졌고, 오직 내 안의 다른 자신에 대한 공포감만 생각하는 사람이 되었네."

"지킬이 허약해지면서 하이드의 힘이 커진 것 같아. 분명히 지킬과 하이드는 똑같이 서로를 미워했어."

"지킬은 자신 안에 있는 공포를 벗어날 수 없었어. 모습을 드러내 지킬을 장악하려고 발버둥 칠 때 그가 느끼는 공포."

"지킬에 대한 하이드의 증오는 달랐어. 경찰한테 붙잡혀서 감옥에 갈지도 모른다는 그의 공포심이 그를 나약한 지킬로 만든 거야."

"일주일 정도가 지났네. 마지막 남은 예전 가루약의 힘을 빌어 이 글을 마쳐야 할 것 같네. 지금이 헨리 지킬로서 사고할 수 있는, 혹은 거울에 비친..."

"...모습을 볼 수 있는 마지막 순간이 될 것 같아. 내 글이 운 좋게 전달되려면 서둘러 글을 마쳐야겠네."

도중에 하이드가 되면, 그가 이 종이들을 찢어버릴

"이 글을 쓰는 도중에 내가 다시 하이드가 되면, 그가 이 종이들을 찢어버릴 걸세."

"지금부터 30분 후, 내가 다시 한 번 그리고 영원히 그 혐오스러운 인간이 되면, 내 의자에 앉아서 얼마나 몸을 떨면서 울지 잘 알고 있네..."

"...그게 아니면 끊임없이 공포에 떨면서 이 방을 왔다갔다 걸으며 모든 소리에 귀를 기울일 거야. 하이드는 교수형에 처해질까?"

"아니면 그가 마지막 순간에 해방되려고 용기를 낼까? 지금이 내가 진짜로 죽는 시간이야. 다음에 일어나는 일은 내가 아닌 다른 사람이 걱정할 일이지."

헨리, 이런, 헨리, 자네하고...

...하이드가...

"이제 펜을 내려놓고 나의 고백을 봉인하면서 불행한 헨리 지킬의 생명을 가져가겠네..."

잘 가게, 지킬 박사, 바보 같은 늙은이!

"...영원히."

혜지원 영한 대역 그래픽 노블 시리즈를 펴내며...

혜지원의 영한 대역 그래픽 노블 시리즈는 오랜 기간 전 세계인들에게 사랑 받아 온 고전과 위인들에 관한 이야기를 만화로 엮었습니다. 긴 시간 많은 사람에게 읽히고 그 가치를 인정 받아 온 고전에는 재미와 빛나는 철학이 담겨 있습니다. 또한 우리는 전기를 통해 저명한 인물의 삶과 시대를 탐험해 볼 수 있습니다.

이러한 고전과 위인전을 영어와 한글 두 가지 버전으로 모두 담아 그 내용을 더욱 깊이 이해하는 한편, 영어 실력 향상도 기대할 수 있도록 했습니다. 각각의 버전을 비교해서 읽으며 영어와 한글의 차이를 느껴 보는 것도 신선한 경험이 될 것이며, 재미있게 영어를 공부하는 기회도 될 것입니다.

상상력을 자극하는 이야기들을 섬세한 그림체로 구현해낸 혜지원의 그래픽 노블 시리즈를 통해 이야기에 더욱 몰입할 수 있습니다. 어렵고 긴 내용을 읽기 편한 길이와 만화로 담아 가독성을 높였으며, 원문을 최대한 살리되 이야기를 효과적으로 전달하기 위해 노력했습니다.

혜지원의 영한 대역 그래픽 노블 시리즈를 통해 이야기가 주는 매력에 푹 빠져 보세요. 상상력의 지평이 더욱 넓어지는 놀라운 경험을 하게 될 것입니다.

미치광이 과학자들

과학자라는 단어를 들으면 무엇이 떠오르나요? 무(無)에서 새로운 것을 창조하고, 새로운 아이디어를 찾아내고, 뿌리 깊은 사실들을 발견하는 데 전념하는 사람. 이러한 일들을 하면서도, 간단하게 '미친'이라는 단어가 어울리는 지경에 이르는 사람이라고 생각해본 적이 있나요? 바로 그 엽기 과학자들에 대해 알아보도록 하겠습니다.

지오반니 알디니

19세기 이탈리아 물리학자인 알디니는 직류전기를 연구했다. 그는 끔찍한 실험으로 유명해졌다. 아니 악명이 높아졌다! 그는 유럽을 돌면서 공공연하게 사람과 동물의 시체에 전기자극을 주는 실험을 했다. 1803년 런던의 왕립 외과대학에서 보여준 행위로 그는 '엽기 과학자'라는 수식어를 달게 되었다. 그 실험에서 알디니는 교수형을 당한 조지 포스터의 시체에 전기충격을 가했다. 그때 시체의 발이 공중을 찼고, 얼굴 위에 놓여 있던 막대기가 씰룩거렸다. 심지어 왼쪽 눈까지 떴다! 사람들은 소스라치게 놀랐고 그 중 한 사람은 그때 받은 충격 때문에 이후 사망했다고 한다!

20세기 스탈린 시대에 활동했던 러시아 생물학자 이바노프는 동물을 대상으로 정말 기묘한 실험들을 했다. 그는 얼룩말과 당나귀를 교합한 제동크를 비롯해, 영양-소, 쥐-기니피그, 기니피그-토끼의 잡종을 만들어 냈다! 그 당시에 아바노프는 이 선을 벗어나 인간과 원숭이의 교차 실험에 매달렸다. 그는 반은 사람이고 반은 원숭이인 생명체를 만들려고 시도했었다. 실제로 스탈린은 패배를 모르고 고통도 느끼지 않는 반 인(人) 반 유인원으로 구성된 부대를 만들고 싶어 했었다. 그리고 이바노프가 그 일을 할 수 있는 적임자였다! 비록 그 아이디어로 실험을 해보기는 했지만, 전반적인 아이디어가 받아들여지지 않으면서 결국 실험에 성공하지는 못했다.

일랴 이바노비치 이바노프

해리 할로우

20세기의 심리학자 해리 할로우. 힘없는 동물들을 잔혹하게 다룬 그의 실험들 때문에 동물 권리 운동이 시작될 정도였다. 할로우가 행한 가장 잔혹했던 실험의 대부분은 붉은털원숭이를 대상으로 실시된 것들이었다. 어미와 새끼의 애착관계를 연구하려고 했던 그는 어미에게서 새끼들을 떼어내 대리모를 선택하게 했다. 한쪽에는 철사 그물망으로 어미 모형을 만들어 주고, 다른 쪽에는 부드러운 천으로 만든 어미 모형을 넣어 주었다. 그리고 한쪽에는 우유를 주고 다른 한쪽에는 주지 않았다. 그가 자신이 고안한 다양한 구조물들에 붙인 '철의 여인', '절망의 수렁'과 같은 이름을 보면 가엾은 새끼 원숭이들이 얼마나 큰 고통을 받았었는지 짐작하고도 남는다!

19세기의 지질학자이자 고생물학자인 버클랜드는 말 그대로 동물을 모조리 먹어치운 행위 때문에 '엽기 과학자' 명단에 올랐다. 그는 모든 종류의 동물과 곤충들을 먹었으며 식용 두더지와 식용 청파리를 찾아내기도 했다. 이것도 부족했는지 박물관을 둘러보면서 그곳에 보관되어 있던 프랑스 왕의 심장에 눈독을 들였다. 그 심장을 맛보기로 작정한 그는 누가 말릴 틈도 없이 그 심장을 게걸스럽게 먹어치웠다! 그 심장에는 루이 14세의 심장이라고 적혀 있었다. 버클랜드는 실제로 미쳐서 결국 말년에 정신병원 신세를 졌다고 알려져 있다!

윌리엄 버클랜드

헨리 캐번디시

18세기의 과학자 캐번디시는 수소를 분리해 그 유명한 H_2O 화학식과 지구의 밀도를 알아냈다. 그는 내성적이고 수줍음을 잘 타는 성격이면서도 광적인 면이 있었다! 그는 사람들과 직접 접촉하는 것을 피했다. 심지어 가정부와도 종이에 적어서 대화를 할 정도였다. 이와 같이 고립된 생활에는 문제점이 있었다. 그가 발견한 법칙과 발견들이 150년이 지나서야 다른 과학자들의 인정을 받게 된 것이다! 또한 그는 모든 연구를 혼자 했기 때문에 자신의 몸으로 전기쇼크를 실험한 것을 포함해 스스로 연구대상이 되어 시험을 했고, 조사를 진행시켜야 했다.

20세기 소련의 과학자이자 장기 이식 분야의 선구자인 드미코프는 1930년대와 1950년대에 몇 가지 장기 이식을 시행했다. 그 가운데 동물에게 심장을 이식하고 폐와 심장을 교체 이식한 것이 포함되어 있다. 그는 기괴한 개 실험으로 오명을 얻었다! 매우 기이한 방법으로 머리가 둘 달린 개를 만들어 낸 것이다. 이 불행한 동물은 새끼 개의 머리와 몸 윗부분을 다 성장한 개의 몸에 붙여 머리가 두 개인 괴물 같은 생명체로 탄생되었다.

블라드미르 드미코프

Hyejiwon English-Korean Graphic Novels Series

혜지원 영한 대역 그래픽 노블 시리즈는
여러분께 영어 학습 효과는 물론 재미와 감동까지 선사합니다.

지킬 박사와 하이드

대담한 이상주의자 헨리 지킬은 자신의 과학 지식을 이용해 인간을 두 개의 존재로 분리할 수 있다고 믿는다. 하나는 완전히 선하고, 다른 하나는 완전히 악한 존재로 말이다. 그는 자신의 비밀 연구실에서 인간 구성의 핵심을 분리하는 약물 연구에 매달린 끝에 마침내 성공한다. 하지만 그것은 불완전한 성공이었다.

지킬은 선과 악으로 반씩 분리되는 것이 아니라 악한 성향에 고립되고 만다. 처음에는 그에게 즐거움이었던 것이 변신 조절 능력을 잃게 되면서 악몽이 되고 만다. 그의 친구들은 지킬이 결국 파멸할 것이고 최악의 상황을 두려워하는 것을 느낀다.

지킬은 자신이 저지른 일을 돌이킬 수 있을 것인가? 아니면, 영원히 변한 채로 살아가게 될 것인가?

그래픽 노블 시리즈
로미오와 줄리엣 정가 : 12,000원

그래픽 노블 시리즈
모비딕 정가 : 12,000원

그래픽 노블 시리즈
보물섬 정가 : 12,000원

그래픽 노블 시리즈
톰소여의 모험 정가 : 12,000원

그래픽 노블 시리즈
우주전쟁   정가 : 12,000원

그래픽 노블 시리즈
걸리버 여행기   정가 : 12,000원

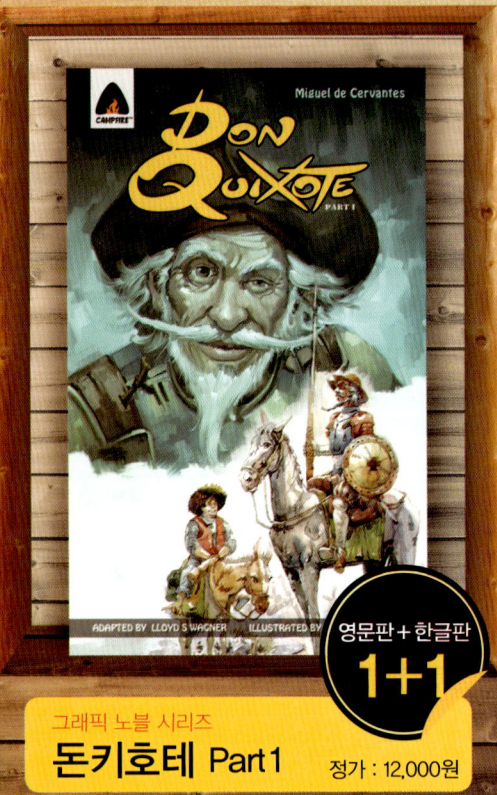

그래픽 노블 시리즈
돈키호테 Part1   정가 : 12,000원

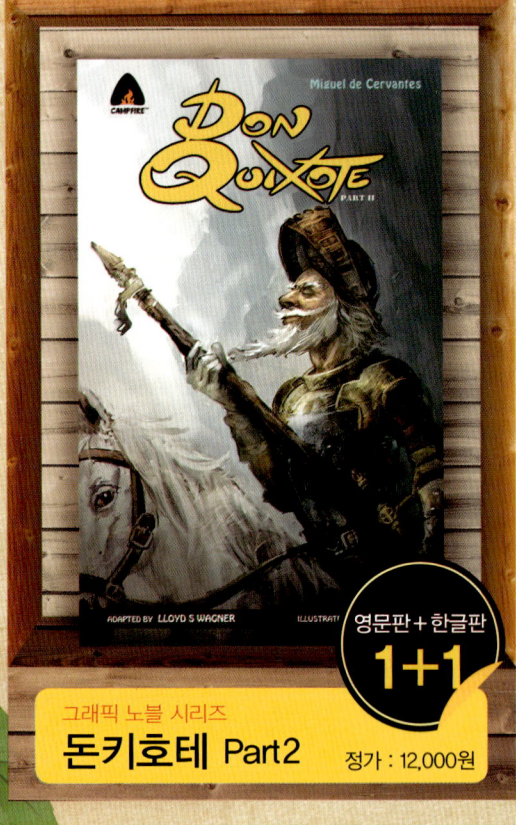

그래픽 노블 시리즈
돈키호테 Part2   정가 : 12,000원